$L\overset{27}{n}.11038.$

Ln. 11038.

SPÉCIMEN

DE

RÉDACTION ET D'ORTHOGRAPHE

DE

M. Jean-Auguste-Victor (dit Ferdinand) LAGARRIGUE

EX-RÉDACTEUR

du Journal de Chartres et du département
d'Eure-et-Loir.

SPÉCIMEN

DE

RÉDACTION et d'ORTHOGRAPHE

DE

M. Jean-Auguste-Victor (dit Ferdinand) LAGARRIGUE,

Ex-Rédacteur du *Journal de Chartres*

ET DU DÉPARTEMENT D'EURE-ET-LOIR.

Goussainville. — En plusieurs circonstances, la fille Breton, domestique, avait manifesté l'intention de se détruire, *quoiqu*'elle *ne fût âgée que de 21 ans*. Le désordre de sa conduite qui lui avait déjà attiré de vifs reproches, et des dettes qu'*elle* se trouvait dans l'impossibilité de payer, provoquaient chez *elle* ces accès de désespoir. Jeudi, 13 de ce mois, en revenant d'un bal où *elle* avait rencontré quelques jeunes gens qu'*elle* fréquentait habituellement, *elle* trouva fermée la porte de l'habitation de ses maîtres.

Examinons en détail cette première phrase :

.... avait manifesté l'intention de se détruire *quoiqu'elle ne fut âgée que de 21 ans.*

Sans doute, cela est bien pensé, M. Lagarrigue a voulu dire qu'à 21 ans, la fille Breton n'eût point dû avoir assez de la vie ; mais a-t-il fait preuve de tact dans sa rédaction ? Cette phrase n'est-elle point ridicule, et n'est-on point tenté de se demander en la lisant s'il est un âge de convention pour le suicide ?

> Le désordre de sa conduite..... des dettes provoquaient chez elle ces accès de désespoir.

Des dettes qui provoquaient des accès de désespoir. Quelle négligence de style, quelle incorrection dans tout l'alinéa. Quelle consommation d'*elles !*

Dans le compte-rendu d'un autre suicide accompli à Chartres, M. Lagarrigue place encore son inévitable *quoique*, mais cette fois d'une manière plus malheureuse encore ; décidément la limite d'âge pour le suicide est bien élastique. A cinquante-deux ans, on peut commencer, ce nous semble, à avoir quelque ennui de la vie. J'en appelle de M. Lagarrigue à M. Lagarrigue mieux informé.

> Les informations prises immédiatement, ont établi que, *quoiqu'il fût âgé de 52 ans*, le regret qu'il éprouvait de voir s'accomplir un mariage contraire à ses penchants, a poussé ce malheureux à cet acte de désespoir.

> .... *le regret qu'il éprouvait de voir s'accomplir un mariage contraire à ses penchants.*

Quelle ingénieuse manière de nous dire que sa maîtresse en épousait un autre. On ne comprend pas de suite ; mais avec un peu de bonne volonté !... on vient à bout de la charade.

Dans un compte-rendu du carnaval de Courville, on lit quelques phrases que n'aurait pas désavouées M. de la Palisse :

> .... baladins et incroyables ont joué leur rôles avec un aplomb, un entrain et une animation qui ont *étonné les curieux* en *surpassant leur attente*.

Il paraît en effet difficile d'être étonné de quelque chose à quoi l'on s'attend.

Un peu plus loin nous trouvons cette phrase qui nous a donné quelques inquiétudes pour la liberté individuelle de la race chevaline de Courville.

A un moment donné, les chevaux richement caparaçonnés *ont été arrêtés*, les trois chars aux bannières flottantes et aux vives couleurs sont restés stationnaires, et les docteurs de contrebande ont simulé sur un soi-disant vieillard *aux rides de carton* l'extraction du ver solitaire.

Nous ne détestons pas les *rides de carton*, et le mot est agréablement imitatif.

. . . .

Les rires de la foule croissaient avec la longueur prodigieuse du *ver de toile verte COLORÉE* tiré de la bouche du patient.

Le *ver de toile verte colorée* n'est point non plus sans charme, et le talent d'imitation est loin de se démentir.

Ici, ne croirait-on pas encore que c'est M. de la Palisse qui parle, écoutez :

Un bal a terminé les plaisirs de la journée. Il a duré jusqu'à trois heures du matin. Une *liberté exempte de licence* et une *gaîté qui excluait toute idée de désordre* n'ont cessé de régner dans cette réunion.

M. Lagarrigue aime à corroborer sa pensée et use le plus fréquemment possible du pléonasme. La vérité a-t-elle besoin de tant d'apprêts ? Les anciens nous la représentaient toute nue..... Il est vrai que les anciens passaient pour avoir du goût !

Cherisy. — Compte-rendu d'un accident arrivé sur la voie du chemin de fer.

. . . .
Il était dans un train vide *qui remontait à la charge ;* arrivé à un endroit nommé la tranchée rouge, *l'ouvrier chargé de ce soin* tira *le fil qui fait séparer la locomotive* des wagons, en sorte que ceux-ci continuent leur route pour prendre les matériaux à transporter, tandis que la locomotive doit suivre une autre voie pour venir ensuite pousser le train par derrière.

Que dire de cette rédaction? Ce n'est plus du la Palisse. Ce serait certainement plus clair. C'est à faire amèrement regretter le procès-verbal de gendarmerie où M. Lagarrigue a puisé ses renseignements.

.... *un train vide qui remontait à la charge ;*

Qu'est-ce que cela? Voilà un train qui a bien l'air d'avoir été à Sébastopol ou à Solférino, et qui grille d'y retourner.

.... arrivé à un endroit nommé la tranchée *rouge, l'ouvrier chargé de ce soin.*

De quel soin? Voilà ce que M. Lagarrigue devait savoir, mais ce qu'il aurait bien dû nous dire, c'est un *desideratum* assez naturel, ce nous semble. Mais M. Lagarrigue n'a jamais l'air d'écrire pour des lecteurs. Malheureusement il en avait !

.... *tira le fil qui fait séparer la locomotive des wagons.*

Qu'est-ce que ce fil qui fait séparer la locomotive des wagons? Il y a déjà longtemps que nous avons perdu le fil du discours de M. Lagarrigue, et lui-même paraissait bien entortillé dans sa phrase, dont nous renonçons à sortir.

Peut-être serait-ce le cas de nous arrêter ici en disant : *Ab uno disce omnes.*

Pour l'édification du lecteur, nous continuons néanmoins les citations :

Dans un fait de vol à Bailleau-le-Pin, la plume vagabonde de M. Lagarrigue nous parle d'une femme *qui avait pratiqué un trou sous une brique de son parquet* pour y enfouir son magot. On pourrait croire que la brique était en bois. Pas du tout, deux lignes plus bas, notre rédacteur dit, toujours en parlant de la brique : *Une fois le carreau remis en place, elle le recouvrait de meubles.*

Puis un peu plus bas nous trouvons ce passage qui ne laisse pas d'être assez drôlatique.

Une barre de fer de la croisée avait été descellée et *c'était évidemment* par cette voie que le malfaiteur s'était introduit dans la chambre. On n'a trouvé aucune trace de son passage.....

M. de la Palisse s'en fût tenu aux deux premières lignes, mais il n'eût certainement pas dit qu'on n'avait trouvé aucune trace du passage du voleur, surtout après avoir parlé de la barre de fer arrachée. Le *passage* est suffisamment indiqué.

Laons. — Un incendie attribué à la malveillance s'est déclaré, le 23 courant, dans deux poulaillers et une cabane a porc contiguës aux bâtiments de la ferme de Carbonnal appartenant à M. Lelong, médecin à Chartres, et occupés par M. Hervieu, cultivateur. Aux cris poussés par MM. Caillé, cultivateur à Escorpain, et Thiboult, charretier au Tronçay, les habitants de Laons ONT accouru avec les pompiers et ONT *parvenus* à préserver des atteintes des flammes une bergerie et les fourrages qu'elle contenait.

Peut-on pécher davantage contre le goût? Plus on relit cette phrase et plus il semble que les poulaillers et la cabane à porcs étaient habités par l'infortuné M. Hervieu. Sans doute, il n'est point nécessaire de faire de littérature pour un fait départemental, mais encore il faut écrire sa langue et parler clairement. C'est du luxe pour M. Lagarrigue. Encore s'il avait de l'orthographe! Jugez-en :

.... Les habitants de Laons *ont accouru .... et ont parvenus.*

La faute cette fois n'est point de négligence. Nous rougirions d'insister. L'insuffisance du rédacteur est évidente.

Nous nous sommes laissé dire que M. Lagarrigue a été professeur de mathématiques. Nous le croyons. Cette étude lui a fait certainement négliger celle de la grammaire.

COUR D'ASSISES.

Audience du 12.

François Maury, comparaît devant la Cour comme *coupable* de l'assassinat, suivi de vol et avec préméditation, du garde M. le marquis Dargent, *nommé Louis-Alexandre Robert.*

Nous rendrons compte des débats qui se sont terminés à une heure assez avancée de la journée. Le *prévenu* a été condamné aux travaux forcés à perpétuité.

Où M. Lagarrigue a-t-il vu qu'on nommât coupable un accusé avant le jugement?

François Maury ne comparaît pas comme coupable. Il peut l'être, mais il n'est pour tout le monde qu'un accusé.

Pour M. Lagarrigue lui-même il est moins coupable que pour tout autre d'ailleurs, où il n'y a plus de logique.

Le prévenu, dit-il, a été condamné aux travaux forcés à perpétuité.

Que dira M. le marquis d'Argent de l'équivoque fâcheuse que fait M. Lagarrigue avec son nom et celui de l'assassin?

.... Coupable de l'assassinat..... du garde de M. le marquis d'Argent nommé *Louis-Alexandre Robert*.

Nous le demandons, en conscience, un rédacteur à qui l'on ne peut laisser faire trois lignes sans trembler et les corriger ou les refaire, est-il capable de tenir son emploi?

A L'OCCASION DU CONCERT AU PROFIT DES PAUVRES.

.......M. le maire, dont le zèle est toujours à la hauteur de la charité, veut bien transformer la salle de spectacle en salle de concert en lui faisant donner les dispositions élégantes et commodes qu'elle avait déjà aux derniers bals. *Le parquet à hauteur de la scène couvrira l'orchestre.*

Ces pauvres musiciens! Vous figurez-vous l'orchestre dans le troisième dessous? Cette fois, Monsieur Lagarrigue, vous avez dû le faire exprès. *Le parquet à hauteur de la scène couvrira l'orchestre.....* Et dans un concert encore !..

Passons maintenant à un autre exercice, et laissons pour un instant les fleurs de rhétorique. Nous mettons en regard une lettre qui nous a été adressée par le maire de Coulombs, et la rédaction du fait qu'y a puisé M. Lagarrigue. Si la chronique nouvelle laisse à désirer comme toujours pour la forme, avouons que le fond y a terriblement gagné! Honneurs soient donc rendus à l'imagination aventureuse

de M. Lagarrigue. Et voilà pourtant comme on écrit l'histoire !
Encore si vous brodiez comme Alexandre Dumas !....

    Monsieur Garnier,

Je vous prie d'insérer dans votre journal que les jeunes gens de Coulombs, de Nogent-le-Roi et de Chaudon, réunis pour fêter mardi-gras, ont joué une pièce de comédie à Coulombs, ont fait une quête qui a produit une somme de QUATRE francs qu'ils ont versée entre les mains de M. le maire pour être distribuée aux pauvres de Coulombs.

    Veuillez agréer, etc.

        Le Maire, LHOMME.

Coulombs. — Les costumes et les masques *n'ont pas été* utilisés *que* pour une simple fête de carnaval dans cette commune ; les jeunes gens de Coulombs, de Nogent-le-Roi et de Chaudon se sont réunis pour jouer une comédie qui *leur* a obtenu un succès digne d'acteurs plus consommés.

Telle n'était pourtant pas leur ambition ; des désirs *plus dignes* de *leur* charité les guidaient, et, une quête faite sous l'impression des bravos qu'ils s'étaient attirés de la part des spectateurs, a produit une somme assez importante, qui a été versée par *leurs* soins entre les mains de M. le Maire de la commune de Coulombs.

Les pauvres profiteront donc aussi, dans cette localité, des réjouissances publiques dont le carnaval a été l'occasion.

Comme preuve de l'intelligence du Rédacteur dans le choix de ses nouvelles, nous donnons en regard les deux rédactions contradictoires suivantes, dont l'une figurait à la première colonne du journal et l'autre à la quatrième sous la rubrique *Nouvelles étrangères*. Il y en a pour tous les goûts. On ne saurait être p'us éclectique.

Bulletin politique.

Les nouvelles d'Athènes vont jusqu'au 13 mars. Les insurgés de Nauplie ont été battus aux abords de la place par les troupes royales. Ils restent maîtres des forts de la citadelle et de la ville.

L'arsenal est à la merci des soldats et de la population ; chacun y prend à son gré et à son choix des armes et des munitions. Les embarcations qui étaient dans le port ont été coulées par les insurgés, afin d'empêcher les habitants de Nauplie de s'évader. La classe ouvrière est sans travail et astreinte à des corvées fatigantes et périlleuses ; comme tous les prisonniers, parmi lesquels on compte bon nombre de brigands et d'assassins, ont été relâchés et armés, la ville est incessamment sous le coup du pillage ; des impositions forcées ont été décrétées.

Les soldats ou les officiers suspects de tiédeur sont emprisonnés dans les forts. En un mot, la terreur est à l'ordre du jour.

Tel est le tableau que le *Précurseur* trace de la situation de Nauplie.

Grèce.

Une dépêche datée d'Athènes du 13 mars, annonce que tous les retranchements de Nauplie ainsi que tous les canons des insurgés ont été pris par les troupes royales. L'insurrection de Nauplie peut donc être considérée comme finie. L'ordre est rétabli à Sura.

Nous n'insisterons pas davantage sur la rédaction de M. Lagarrigue, nous donnerons sans commentaires le texte de ses élucubrations, en nous bornant à mettre en caractères italiques les passages les plus saillants. Peut-être faudrait-il signaler davantage, car nous ne prétendons point donner pour bon ce que nous laissons en caractères ordinaires. Nous choisissons seulement dans les *épluchures*, ce qui nous a paru le plus digne d'être apprécié du lecteur.

« La tribune et la presse ont souvent élevé la voix pour *appeler sur la condition pécuniaire* des instituteurs primaires *les effets de la sollicitude gouvernementale.* Certes, les paroles éloquentes *ne manquèrent pas* à cette cause si digne de triompher.

Le Sénat, *en particulier*, dans sa dernière adresse, a émis un vœu tendant à rendre *plus digne de leurs fonctions et de leurs services le sort des instituteurs publics. Cette lacune dans la répartition des rémunérations sociales* vient d'être comblée. Le décret du Moniteur que nous publions aujourd'hui *témoigne que* le Gouvernement, *déjà entré dans cette voie* par des mesures *qui avaient excité la gratitude* des hommes utiles et modestes qui se consacrent à l'instruction primaire, est fermement décidé à encourager leurs laborieux et constants efforts et à améliorer leur position trop précaire.

Ainsi que le fait observer M. Rouland, les mesures dont le décret du 19 avril consacre la mise en vigueur s'effectueront *sans aggravation budgétaire;* mais en fût-il autrement, le pays n'en applaudirait pas moins à l'initiative du Gouvernement.

Saint-Jean-Pierre-Fixte. — La voiture publique qui fait le service de La Bazoche-Gouet à Nogent-le-Rotrou passait mercredi dernier sur le territoire de la commune de Saint-Jean-Pierre-Fixte, à un endroit nommé les Valettes. Les chevaux allaient au pas, et plusieurs *jeunes* enfants (décidément M Lagarrigue a vu des enfants vieux), qui se trouvaient en ce moment sur la route, s'approchèrent de la voiture *suivant* une funeste habitude (laquelle?) et se mirent à la *suivre.* Bientôt le plus âgé d'*entr'eux*, il avait de 14 à 15 ans, s'avisa de fixer au marche-pied une corde longue d'environ trois mètres dont l'extrémité libre traînant sur le sol était garnie d'une boucle; puis, il poussa sur cette corde une petite fille de 13 ans, qui se trouvait à côté de lui. *Celle-ci tomba et dans sa chute se prit le pied droit dans la boucle;* pour comble de malheur la voiture était arrivée au haut de la côte; *en sorte* *que le conducteur ignorant ce qui se passait derrière lui*, fit prendre le galop à ses chevaux *et traîna ainsi*, l'espace de 150 mètres, la pauvre enfant dont les vêtements furent bientôt en lambeaux et le corps couvert de plaies. Les camarades de la victime s'étaient empressés de fuir ; *en sorte que* ce furent les gendarmes de Beaumont-les-Autels *qui* se trouvaient par hasard sur la route, *qui*, avertis par les cris déchirants, firent arrêter la voiture et relevèrent la petite Rosalie dans le plus déplorable état.

Son père *qui* habite Nogent-le-Rotrou, *qui travaillait en ce moment dans les environs*, fut immédiatement prévenu *par leurs soins* et il emporta chez lui sa malheureuse fille *qui* avait perdu connaissance.

Nous arrêtons ici la lecture des pièces curieuses dont nous avons entre les mains les originaux. Cet échantillon doit suffire pour faire apprécier l'intelligence du personnage qui nous attaque. Nous allons maintenant faire connaître M. Lagarrigue sous un autre aspect.

Depuis qu'il existe le *Journal de Chartres* a toujours publié des articles agricoles, soit qu'ils vînssent de sa rédaction, soit qu'ils fussent pris dans des publications spéciales. A M. Lagarrigue en était dévolu le choix en sa qualité de rédacteur en chef, et l'on peut dire qu'il y était heureux, à preuve les articles suivants :

Le premier donnait des conseils aux cultivateurs pour empêcher le versage des moissons, et par le moyen que voici : il ne s'agissait que de planter à l'intervalle d'un pied les uns des autres de petits jalons en mélèze et de les relier entre eux par des fils de fer et de la ficelle préalablement bouillie dans de l'huile de lin. Une fois les épis emprisonnés dans des quadrilatères, le cultivateur pouvait dormir sur ses deux oreilles et défier la bourrasque. Que craindre en effet avec autant de *quadrilatères?*

Ce moyen, de la force de ceux indiqués par le *Tintamarre* pour la destruction des puces, eût obtenu dans la Beauce un immense succès..... de fou rire.

Il y a des gens qui ne sont point naïfs à demi, et M. Lagarrigue tenait à nous prouver qu'il est de ce nombre. Comme pendant au lumineux article qui précède, l'ex-rédacteur le fait suivre d'un autre, qui témoigne du moins de sa constante sollicitude agricole. C'est un préservatif contre la germination des moissons répandues sur le sol, que des pluies abondantes pourraient compromettre. Le fameux moyen est dans l'emploi de paillassons en paille de seigle, fabriqués l'hiver .. dans les moments de loisirs. — On consulte son baromètre, et à la première alerte de pluie, tout le monde est sur le pont, paillassons en mains, allant couvrir les gerbées, qui, nous oubliions de le dire, ont dû recevoir préalablement des piquets de soutien.

C'est, comme on le voit, simple comme bonjour. Pour peu qu'un cultivateur ait 60 à 80 hectares à garantir et qu'il ait à sa disposition assez de paille pour la confection des paillassons, il n'aura plus qu'à demander au Gouvernement de vouloir bien mettre au service des Beaucerons plusieurs régiments pour aider au *couvrage* des moissons.

Nous comptons du reste recommander ces deux découvertes au joyeux Commerson du *Tintamarre*. Il pourrait les placer dans le premier chapitre d'un ouvrage qu'il intitulerait : *Pensées d'un Réducteur*.

Enfin huit jours après, l'intelligent M. Lagarrigue qui rêvait sans doute des bords de la Garonne, sa patrie, venait soumettre au propriétaire du *Journal de Chartres* un nouvel article que *dans l'intérêt spécial de la Beauce* il avait découvert. Ce merveilleux article était consacré à la culture du Maïs. — Mais que n'eût-il pas importé ce bon M. Lagarrigue? Il y a tout lieu de croire que sous son habile direction le

Journal de Chartres eût fini par traiter de la culture du coton et du café !

Tant de déconvenues cependant ne lui profitaient guère; une semaine ne pouvait s'écouler sans quelque nouvelle drôlerie de sa part :

Un jour, entre autres, une circulaire de l'abbé Lavigerie s'était égarée sur son bureau. Cette circulaire, qu'un malin hasard avait placée sous sa main, invitait la presse à provoquer l'organisation de comités en faveur des chrétiens de Syrie. M. Lagarrigue veut absolument (notez que nous sommes en avril 1862) l'insérer dans le *Journal de Chartres*, ou tout au moins en donner une analyse ! Le pauvre homme en était encore à apprendre, lui dont la mission était de faire un journal, que la Syrie n'était plus à pacifier et que les armes victorieuses de la France avaient vidé l'incident. Il ne s'était pas aperçu que la circulaire portait la date du 2 avril 1861 !

GARNIER.

Chartres. Garnier, Imprimeur.

www.ingramcontent.com/pod-product-compliance
Lightning Source LLC
Chambersburg PA
CBHW070438080426
42450CB00031B/2720